Inhalt

Goodwillabschreibung - Finanzkrise löst Abschreibungslawine aus

Kernthesen

Beitrag

Fallbeispiele

Weiterführende Literatur

Impressum

Goodwillabschreibung - Finanzkrise löst Abschreibungslawine aus

A. Kaindl

Kernthesen

- Die ungezügelte Einkaufstour vieler Unternehmen rächt sich in der momentanen Krise bitter.
- Die Aussicht auf glänzende Geschäfte führte zu satten Aufpreisen bei Neuerwerbungen.
- Zahlreiche bilanzierte Geschäfts- und Firmenwerte werden den Werthaltigkeitstest nicht bestehen.
- Die Folge wird eine Lawine von Goodwill-

Abschreibungen sein.

Beitrag

In den letzten Jahren war die Stimmung bei den Unternehmen sehr optimistisch. Die Ertragserwartungen waren gigantisch. Nun, da sich die Konjunkturerwartungen eintrüben, wendet sich das Blatt. Das Risiko von Goodwill-Korrekturen insbesondere für Akquisitionen aus den Jahren 2007 und 2008 ist extrem hoch.

Jährliche Überprüfung der Werthaltigkeit der bilanzierten Goodwills

Die Finanzkrise und die schlechte konjunkturelle Lage trifft derzeit viele Unternehmen schwer: Zum einen leiden diese zunehmend unter der Kreditklemme in Folge der Subprime-Krise. Zum anderen reduziert sich die Nachfrage drastisch, was zu entsprechenden Stornierungen oder Verschiebungen von Aufträgen führt. (2)

Diese externen Ereignisse haben unmittelbaren Einfluss auf die Rechnungslegung. Die internationalen Bilanzierungsstandards IFRS verlangen, dass Überbewertungen von bilanzierten Vermögenswerten, insbesondere von Goodwills, zu verhindern sind. (2)

Unternehmen müssen den Geschäfts- und Firmenwert in der Bilanz separat ansetzen, wenn der gezahlte Kaufpreis den messbaren Wert aller Gebäude, Maschinen und Patente des übernommenen Unternehmens übersteigt. Einmal im Jahr überprüfen die Unternehmen dann im Rahmen der Erstellung des Jahresabschlusses, ob diese Buchwerte und der ihnen zu Grunde liegende Business-Plan noch werthaltig sind. Dies geschieht durch den so genannten Impairment-Test. Aktuell droht hierbei vielen Unternehmen Ungemach, vor allem denjenigen, die in den vergangenen Jahren zu hohen Preisen Zukäufe getätigt haben, die nach dem Kursverfall an den Börsen nicht mehr zu erzielen sind. (2), (3)

Wie sieht ein Impairment-Test aus?

Die im Rahmen des Impairment-Tests durchzuführenden Bewertungen basieren auf zwei Konzepten, von denen jeweils das Konzept zur

Anwendung kommt, welches den höheren Wert erbringt: (2)

Das eine Wertkonzept stellt auf Marktpreise ab ("Fair Value" abzüglich Veräußerungskosten). Wie hoch wären die Erlöse im Falle eines Verkaufs? Als Indikatoren dienen vorrangig beobachtbare Marktpreise in Form von Börsenkursen oder tatsächlich bei Verkäufen gezahlte Preise. Diese Indikatoren sind in Folge der Subprime-Krise und den nachfolgenden Rezessionsängsten drastisch eingebrochen. Aktuell werden zahlreiche Dax-Konzerne mit Kursen bewertet, die einer Bewertung unterhalb des Buchwerts des Eigenkapitals entsprechen. Transaktionen finden entweder zu sehr niedrigen Preisen oder überhaupt nicht mehr statt. In vielen Fällen führt die Anwendung dieses Wertkonzepts damit zu sehr niedrigen Werten. Nach dem strengen Fair-Value-Prinzip ist es nicht von Interesse, auf welchem Niveau die Kurse oder Preise in der Vergangenheit waren. Nur die aktuellen Stichtagskurse und preise zählen.

Das andere Konzept ermittelt den Wert der Gruppe von immateriellen Vermögenswerten, die hinter dem Goodwill stehen, mit Hilfe des aktuellen Nutzungskonzepts des bilanzierenden Unternehmens ("Value in use"). Es ist die Frage zu beantworten, was diese Gruppe von immateriellen Vermögenswerten insgesamt an Zahlungsüberschüssen für das Unternehmen erzielen kann. Dieses Konzept basiert damit nicht auf Preisen, sondern auf Zukunftserwartungen. Die Ermittlung des betreffenden Wertes erfolgt aufgrund von zukünftig erwarteten Zahlungsüberschüssen. In der Zukunft vermutlich eintretende Verschlechterungen, die zum Bewertungsstichtag schon absehbar sind, führen bereits am Bewertungsstichtag zu einer Abwertung. Die Unternehmen sind daher derzeit gezwungen, ihre Unternehmensplanung neu zu überdenken und gegebenenfalls zu korrigieren. Eine große Herausforderung besteht darin, diese Unternehmenspläne nachvollziehbar und plausibel zu erstellen.

In der momentanen Marktlage führen beide Wertkonzepte zu niedrigeren Bewertungen und erhöhen damit das Risiko eine Abschreibung auf den Goodwill vornehmen zu müssen. (2)

Bewertung des Goodwills im Fokus der Wirtschaftsprüfer

In der derzeitigen Situation stellt eines der größten Probleme die Anpassung der Unternehmensplanungen dar, auf deren Basis auch die Bewertung des Goodwill vorzunehmen ist. Nach Kenntnis von Abschlussprüfern fällt es vielen Unternehmen derzeit äußerst schwer, verlässliche Prognosen zu erstellen. Es geht nicht nur darum, zuverlässige Annahmen zu bestimmen, sondern um die unlösbare Aufgabe, die Dauer der Krise zu schätzen. Trotz der aktuellen Ertragsprobleme und des Wertverfalls an den Börsen darf nicht zwangsläufig davon ausgegangen werden, dass jeder hohe Goodwill zu einer umfangreichen Firmenwertberichtigung führt. Beim Impairment-Test kommt es auf langfristige Erwartungen an. Aus Sicht der Abschlussprüfer müssen die Unternehmen auf jeden Fall ihre Planungen für die Jahre 2009 und 2010 nach unten anpassen. Allerdings kann langfristig die Einschätzung schon wieder positiv ausfallen. (1)

Wirtschaftsprüfer und die Aufsichtsbehörden werden einen Schwerpunkt ihrer Tätigkeit beim Prüfen der Jahresabschlüsse für 2008 auf das Hinterfragen der Unternehmensplanung stellen, um unzulässige Über- oder Unterbewertungen identifizieren zu können. (2)

Für einige Unternehmen geht es allerdings nicht mehr allein um Wertberichtigungen, sondern ums Überleben. Angesichts des Ausmaßes der Krise müssen diese sich fragen, ob sie überhaupt in der Lage sein werden, ihr Geschäft zwölf Monate nach dem Bilanzstichtag fortführen zu können. Das bedeutet für den Abschlussprüfer, den Going-Concern-Grundsatz zu untersuchen und gegebenenfalls auf bestandsgefährdende Risiken hinzuweisen. Kritisch könnte es vor allem für die Unternehmen werden, die umfangreiche Refinanzierungen zu bewerkstelligen haben. (1)

Fallbeispiele

Der Nutzfahrzeughersteller MAN hat seinen Anteil am schwedischen Konkurrenten Scania kurz vor dem 31.12.2008 um drei Prozentpunkte auf mehr als 20 Prozent aufgestockt, um nach dem Kursverfall der Scania-Aktie Abschreibungen zu vermeiden. MAN konnte sein Engagement bei Scania nun "at Equity" mit dem anteiligen Eigenkapital ansetzen. Ein Impairment-Test ist in diesen Zeiten gleichwohl auch hier notwendig, allerdings nicht mehr mit dem Aktienkurs als Referenz, sondern mit dem Value in Use. (1)

Der Autozulieferer Continental hat angekündigt, in 2009 Firmenwertabschreibungen in Milliardenhöhe vornehmen zu müssen. Das Unternehmen hatte zum 30.09.2008 nach der Siemens VDO-Übernahme einen

Goodwill in Höhe von 7,3 Milliarden Euro in der Bilanz ausgewiesen. Das Eigenkapital lag nur 100 Millionen Euro darüber. (1)

Ein vom Saarbrücker Institut für Wirtschaftsprüfung (IWP) im Herbst 2008 erstellter Vergleich von 127 börsennotierten Industrieunternehmen zeigt, bei welchen Unternehmen die Goodwill-Belastungen in 2009 besonders groß ausfallen dürften: Bei der Senderkette ProSiebenSat.1 und dem Konsumforscher GfK, aber auch bei dem Zementkonzern HeidelbergCement drohen, gemessen am Eigenkapital, empfindliche Abschreibungen. In den Bilanzen dieser Unternehmen übersteigt die Goodwill-Position den Wert des Eigenkapitals teilweise um ein Vielfaches. (3)

Im Juli 2007 kaufte ProSiebenSat.1 seinen eigenen Gesellschaftern Permira und KKR deren skandinavische Senderkette SBS ab. Der Kaufpreis betrug 3,3 Milliarden Euro. Seitdem schiebt der Medienkonzern nicht nur Milliardenschulden, sondern auch 2,6 Milliarden Euro Goodwill durch seine Bücher - das Zweieinhalbfache des Eigenkapitals. (3)

Das Unternehmen HeidelbergCement weist nach einer Übernahmeflut einen Geschäfts- und Firmenwert in der Bilanz auf, der das Eigenkapital um das Eineinhalbfache übersteigt. Eine außerplanmäßige Abschreibung darauf würde die Eigenkapitalbasis stark verkleinern. Da das Unternehmen zudem noch hoch verschuldet ist, bergen die Goodwill-Abschreibungen eine weitere Gefahr. Zahlreiche Banken knüpfen ihre Kreditvergabe an die Einhaltung bestimmter Bilanzkennzahlen. Dazu gehört auch die Eigenkapitalquote. Wenn diese sich aufgrund der Goodwill-Abschreibung reduziert, wird es für das Unternehmen noch schwieriger, neues Geld zu bekommen. (3)

Der vom IWP erstellte Vergleich zeigt, dass es auch anders geht. Obwohl die Lufthansa und BASF in den vergangenen Jahren aktiv auf Einkaufstour waren, haben diese Unternehmen realistische Preise bezahlt und so in ihren Bilanzen kaum oder nur relativ wenig Goodwill angesammelt. Die Lufthansa zeigte in ihrer Bilanz einen Goodwill in Höhe von 594 Millionen Euro, was 8,6 Prozent des Eigenkapitals entsprach. BASF kam nach mehreren milliardenschweren Übernahmen auf 4,3 Milliarden Euro Goodwill. Dies entsprach gut einem Fünftel des Eigenkapitals. (3)

Weiterführende Literatur

(1) Bilanzen in Zeiten der Schwindsucht Am Stichtag

kommt es zum Goodwill-Schwur - Planungsrechnung bereitet in der Krise Kopfzerbrechen
aus Börsen-Zeitung, 24.01.2009, Nummer 16, Seite 11

(2) Unternehmen in der Zange
aus Börsen-Zeitung, 29.12.2008, Nummer 249, Seite 11

(3) Voss, Markus, Der Preis ist heiß, Die neue Bilanzsaison tritt eine Abschreibungslawine auf Werte übernommener Firmen (Goodwill) los. Wer viel Luft ablässt, FOCUS-MONEY, 07.01.2009, Ausgabe 03, S. 010-014
aus Börsen-Zeitung, 29.12.2008, Nummer 249, Seite 11

Impressum

Goodwillabschreibung - Finanzkrise löst Abschreibungslawine aus

Bibliografische Information der deutschen Nationalbibliothek

Die Deutsche Nationalbibliothek verzeichnet diese Publikation in der deutschen Nationalbibliografie; detaillierte bibliografische Daten sind im Internet über http://dnb.d-nb.de abrufbar.

ISBN: 978-3-7379-1373-7

© 2015 GBI-Genios Deutsche Wirtschaftsdatenbank GmbH, Freischützstraße 96, 81927 München, www.genios.de

Alle Rechte vorbehalten. Dieses Werk ist einschließlich aller seiner Teile – z.B. Texte, Tabellen und Grafiken - urheberrechtlich geschützt. Jede Verwertung außerhalb der Grenzen des Urheberrechtsgesetzes bedarf der vorherigen Zustimmung des Verlags. Dies gilt insbesondere auch für auszugsweise Nachdrucke, fotomechanische

Vervielfältigungen (Fotokopie/Mikroskopie), Übersetzungen, Auswertungen durch Datenbanken oder ähnliche Einrichtungen und die Einspeicherung und Verarbeitung in elektronischen Systemen.